Alfred Feist

Die Geste des Loherains in der Prosabearbeitung der

Arsenal-Handschrift

Alfred Feist

Die Geste des Loherains in der Prosabearbeitung der Arsenal-Handschrift

ISBN/EAN: 9783743453432

Hergestellt in Europa, USA, Kanada, Australien, Japan

Cover: Foto ©Thomas Meinert / pixelio.de

Manufactured and distributed by brebook publishing software
(www.brebook.com)

Alfred Feist

Die Geste des Loherains in der Prosabearbeitung der

Arsenal-Handschrift

AUSGABEN UND ABHANDLUNGEN

AUS DEM GEBIETE DER

ROMANISCHEN PHILOLOGIE.

VERÖFFENTLICHT VON E. STENGEL.

XX.

DIE

GESTE DES LOHERAINS

IN DER PROSABEARBEITUNG

DER ARSENAL-HANDSCHRIFT.

VON

ALFRED FEIST.

MARBURG.

N. G. ELWERT'SCHE VERLAGSBUCHHANDLUNG.

1884.

Herrn

Professor Dr. Edmund Stengel

in dankbarer Verehrung

zugeeignet.

Bei dem grossen Interesse, das in neuer Zeit der französischen Literatur des Mittelalters entgegengebracht wird, muss es wunderbar erscheinen, dass ein so ausgedehntes Gebiet derselben, wie das der prosaischen Bearbeitungen der Chansons de Geste ist, noch nicht zu eingehenden Untersuchungen angeregt hat. Ist doch diese Prosaliteratur nach Léon Gautier's Ansicht die direkte Nachfolgerin jener poetischen, die man als die Blüte der volkstümlichen altfranzösischen Dichtung betrachtet und deshalb mit eifrigstem Bemühn durchforscht. Wie befremdlich also, dass die Prosaauflösungen, denen jene das Feld geräumt hat, noch so wenig Beachtung gefunden haben. Denn abgesehen von dem Kapitel in Gautier's Epopées françaises *), das die aus den Chansons de Geste geflossenen Prosaromane im allgemeinen zu charakterisieren versucht, und zwei erst kürzlich gedruckten Marburger Dissertationen **) giebt es wohl keine Schrift, auf die derjenige als auf eine Voruntersuchung verweisen könnte, der über diesen Gegenstand eine Arbeit unternimmt. Freilich sind diese Prosaromane, so weit wir sie bis jetzt kennen, nur abgeblasste Wiedergaben jener Dichtungen, die ihre Vorlagen sind, und mancher wird es für vernünftiger und erspriess-

---

*) Band I, 1. Aufl., S. 484 ff. In der zweiten Auflage fehlt das Kapitel noch.

**) Böckel, Philippe de Vigneulle's Bearbeitung des Hervis de Mes, 1883.

Schellenberg, Der altfranz. Roman Galien Rethoré in seinem Verh. zu den versch. Fassungen der Rolands- und Roncevaux-Sage, 1883.

licher halten, den Originalen seinen Fleiss zuzuwenden, als den Bearbeitungen. Aber die Untersuchung der Bearbeitungen kann auch für die Kritik der Originale von Wert sein, von doppeltem Wert, wenn diese nicht oder nur unvollständig erhalten sind. So sind z. B., nach der Angabe Gautier's, die Chansons de Geste von Ernaut de Beaulande und Renier de Gennes, beide zum Cyclus des Garin de Monglane gehörig, sowie der Schluss des Moniage Guillaume nur aus Prosabearbeitungen bekannt. (Galien Rethoré, bei dem dies bis jetzt auch der Fall war, hat sich neuerdings in originaler Gestalt in der Bibliothek des verstorbenen Sir Thomas Phillips in Cheltenham gefunden*).) Hat man erst durch die Vergleichung erhaltener Epen mit den aus ihnen geflossenen Prosabearbeitungen einen Einblick in die Thätigkeit der Bearbeiter gewonnen, so wird sich leicht ein Urteil über den Charakter jener verlorenen Chansons fällen lassen.

Der Prosaroman, der Gegenstand vorliegender Untersuchung ist, ist enthalten in dem Ms. No. 3346 (früher 218ᵃ) der Arsenalbibliothek zu Paris und ist eine — wie es scheint die älteste — von den drei Prosabearbeitungen der Chansons de Geste des Loherains**). Er ist zu einer solchen Untersuchung deshalb besonders geeignet, weil sich seine Entstehung mit annähernder Genauigkeit nachweisen lässt. Seine Quelle, die Chanson de Geste, ist uns in einer grossen Anzahl von Handschriften überliefert, und unter ihnen befindet sich eine, die zwar nicht selbst die Vorlage der Prosa ist, aber nachweislich doch nur wenig von dieser abweicht. Die Frage, welches diese Handschrift ist, hat bereits Vietor in seiner trefflichen Arbeit über »Die Handschriften der Geste des Loherains« (Halle 1876) berührt und ist

---

*) Vgl. Romania XII, Janvier 1883. G. Paris, Le Roman de la Geste de Monglane.

**) Meine Untersuchung beschränkt sich auf die Teile der Geste, welche Garin und Girbert gewidmet sind. Der letzte von Anseis handelnde Teil, dessen poetische Vorlage bezeichnend genug ausser in LN und einer vaticanischen Hs. auch in S enthalten ist, musste vorläufig unberücksichtigt bleiben.

auf Grund eines kleinen Auszugs der Prosa a*) zu dem Resultat
gekommen, dass sie mit S, Q und Z eine abgeschlossene Gruppe
bildet**) und am nächsten mit S verwandt ist. Nach Auffin-
dung der Fragmente von Troyes (t)***) hat Stengel gezeigt,
dass auch sie dieser Gruppe zuzuweisen sind****). Es ist nun zu
eruieren, ob jenes auf Grund kleiner Auszüge von Vietor gefundene Resultat sich bei Berücksichtigung der ganzen bezüg-
lichen Redaktionen aufrecht erhalten lässt, und sodann in ein-
gehender Vergleichung zu untersuchen, welche Umwandlungen
die Geste unter der Hand des Bearbeiters erfahren hat.

Betreffs des Materials sei noch vorausgeschickt, dass die
Prosa in der vom Verf. im Herbst 1882 zu Paris ausgeführten
Copie benutzt wurde, ebenso wie einige in Frage kommende
Partieen von F und G. Die von Herrn Dr. E. Heuser genom-
menen Abschriften von Q und S hat derselbe in dankenswerter
Weise zur Verfügung gestellt. Der Anfang des Girbert lag in
Stengels Ausgabe (Rom. Stud. IV) vor, Z und einige andere bei-
läufig herangezogene Versionen sind in den Anlagen zu Vietor's
Schrift mitgeteilt.

Herrn Prof. Stengel, auf dessen freundliche Anregung hin
diese Untersuchung entstand, spricht Verf. auch an dieser Stelle
seinen wärmsten Dank aus.

---

*) Über die Stengel'sche Siegelbezeichnung, die im Verlauf der Ar-
beit beibehalten ist, vgl. Vietor S. 5.

**) Dies Resultat wird noch durch folgende Stellen gestützt, in
denen a mit SQ im Gegensatz zu andern Hss. steht:

1) *F. lui dit qelle estoit grosse deulx trois* a 26b₁₁. *Elle est encainte
des .xy. germains cousins* 890d₁₁, Q; fehlt FGEMPX.

2) *.viizz. pris* a 26c₁₁ S 91c₁₁ QF; *plus de mil* EPX *bien mil* M.

3) *Limoge* a 26a₁₁ S 92a₁₁ QF; *Bahorges* EMPX.

4) *Arnaut le Poiteuin* a 26d₁₁ S 92a₁ Q; *Hernaut dou Plaseis* EX;
H. le Palasin MP.

Vgl. Rom. Stud. IV, 442 ff.; Vietor S. 42 ff.

***) Hrsgg. v. P. Meyer, Romania 1877. X, 481.

****) Zeitschr. f. rom. Philol. 1878. II, 348 Anm.

I. Teil.

Stellung von a im Stammbaum der Lothringerhandschriften.

Die Vergleichung von a (2c₂₆ff.) mit t und den t entsprechenden Partien von Q (4d₆₈ff.) und S (4a₈₇ff.) ist bei der Kürze der Fragmente von Troyes (das erste besteht aus 77, das zweite aus 76 Zeilen) nicht sehr ergiebig.

1) atQS übereinstimmend: *Beggon donna le sien.*

2) a übereinstimmend mit t im Gegensatz zu QS:
et lors bailla son enseigne a fromondin a; *Fromondin font lensegne bailler* t. *et (u, S) Fromd. font lensegne porter* QS.

3) a übereinstimmend mit S im Gegensatz zu Qt:
   a. *Joifrois le fieulx Gaudin* aS. *J. li nies G.* Q; *Goifrois cil qui fu nies Gaudin* t.
   b. *Gauter* aS. *Berenger* Qt.[1]

4) a übereinstimmend mit St im Gegensatz zu Q:
torna a; *torncreut* t; *tournent* S. *vont* Q.

5) a übereinstimmend mit Qt im Gegensatz zu S:
le conte Hardoin a; *li cuens Harduins* Qt. *conte Bauduin* S.

6) a übereinstimmend mit QS im Gegensatz zu t:
luj randit Mes a; *rent li sa terre* Q; *si li rendi* S. Fehlt t.

Nur in 2) findet eine Übereinstimmung von a mit t im Gegensatz zu QS statt, die jedoch sowohl durch ihre Natur (dasselbe gilt von 1) und 4)), als dadurch, dass sie vereinzelt ist, kein Gewicht hat. Ähnlich verhält es sich im sechsten Fall. Allerdings steht das von a Gebotne nicht in t; man kann aber sehr wohl die Worte von a als selbständigen Zusatz betrachten, wie sich solche bisweilen in unsrer Prosa finden (s. u.). Der

Zusammenhang macht diese Zusatzbemerkung notwendig; sie lässt sich ˜aus demselben entnehmen. Fall 5) wird weiter unten benutzt werden. Die interessantesten sind die beiden unter 3) zusammengefassten Fälle, in denen sich offenber aS in Gegensatz zu Ql stellt. Die Lesarten von S *(fieulx)* und t (*nies*) werden durch S5a₁₂ und t II, 17 gestützt, während sich an der betreffenden Stelle in Q (6a₁) *freres* findet. In a wird die Angabe nicht wiederholt. — Sicherlich ist diese Abweichung a's von t kein vollgilliger Beweis dafür, dass a nicht am nächsten mit t verwandt sei; aber es giebt keinen Beweis für das Gegenteil, und so lange nicht grössere Partieen von t gefunden sind, muss man von einer Bestimmung der Stellung von a zu t absehen.

Ähnlich verhält es sich mit den beiden durch Z bezeichneten Fragmenten, die Vietor S. 69 ff. abgedruckt sind. Sie weisen keine wörtlichen Übereinstimmungen mit a auf, aus denen sich auf eine besonders nahe Verwandtschaft von a und Z schliessen liesse, noch auch lässt sich eine Übereinstimmung der übrigen Handschriften mit a in den Z entsprechenden Partien beobachten, die zwischen a und Z nicht bestünde. Dem ersten Fragment (Vietor S. 69—74) entspricht:

a 28c₁₁—₁₁: Ger. et Ge. — trouueret Fremondin et les vit quj estoiet en sa compaignie quj estoiet de retour;
und ₁₁—₁₄: Ger. et Ge. les vindret assaillir et les trois combatiret les .vii. si vaillanment quil les tueret tous;

und dem zweiten Fragment (Vietor S. 76—81):

a 29d₂—₁₁: le roy Carboucle auoit vng tres bon destrier et dauant tous autres saprouchoit de Ger. Ger. et Ge. bien soy merueilloiet de la bonte de se cheual si prin Ge. et Ga. (!) quil voulsist jouster au roy Carboucle et que il luj donnust Fleurj son destrier. Ger. ne luj vost greanter le destrer si soy courouca trop fort Ge. et quant Ger. le voit si conrrouce si luj promist par ainci que quant il seroit sur ses ennemis quil luj presteroit. lors vint Ger. jouster au roy Car* et le tua et amena son cheual flouri. puis monta sur flouri et torna a la bataille et fit si vaillenment que ces .vii. roy furet desconfis.

Es lässt sich auch hier das Verhältniss zu a nicht genau bestimmen.

Anders bei der nun vorzunehmenden Vergleichung von a mit S. Es ist, wie bereits erwähnt, schon von Vietor (§ 13) angegeben worden, dass die Prosa am nächsten der Version der Chanson steht, die uns in der Handschrift S überliefert ist. Vietor fand dieses Resultat bei der Vergleichung einer kleinen Passage der Prosa mit den nächst verwandten Redaktionen. Unsre Vergleichung der ganzen Prosabearbeitung hat zu demselben Resultat geführt. Dies soll nun dargelegt werden durch Mitteilung der Stellen, in denen a mit S von Q oder mehreren nahe stehenden Handschriften abweicht. Es muss hierbei wie bei jeder Handschriftengruppierung eine sorgfältige Abwägung der brauchbar scheinenden Fälle eintreten. Man wird häufig kleine, wenn auch auffallende, wörtliche Übereinstimmungen dem Zufall zuschreiben und deshalb unberücksichtigt lassen müssen; und nur die Kürze einer Handschrift kann es rechtfertigen, wenn, wie es oben bei Vergleichnng des nur aus 152 Zeilen bestehenden t mit a geschehen, eine Übereinstimmung, die nur in einem Wort (bailler, at, gegenüber porter, QS) stattfindet, überhaupt angeführt wird. In S aber finden sich überzeugendere Fälle in grosser Anzahl.

Für überzeugend sind vor allen die Übereinstimmungen zu halten, die zwischen längeren Aufzählungen in den beiden zu vergleichenden Handschriften stattfinden. a hat an mehreren Stellen solche Aufzählungen aus seiner Vorlage herübergenommen und zeigt dabei nicht nur in den aufgezählten Namen an sich, sondern auch in der Reihenfolge, in der sie stehen, eine Ähnlichkeit mit S in Gegensatz zu den übrigen Handschriften, die den Gedanken an eine zufällige Übereinstimmung unbedingt ausschliessen muss. Aus folgenden Zusammenstellungen wird dies ersichtlich werden.

I.

a 1 d ı8 ff.	S 2 d 41 ff.	Q 3 c 9 ff.	G 6 b 18 ff.
1) de laisanee yasi Aubris duc de Bourgoigne	de Helui laisne iasi Aubris	Heluis fu laisnee scn vint Aubris	laisnee — ot non la bele Helouis — ses fils ot non li bons dus Hernais
2) — — —	— — —	— ·· —	si ot j. frere — Oedes
3) de la seconde li Alemans Auris	wie a	de lautre apres li Al. Olris	de lautre — iasi li frans dus Auberis
4) et de la tierce Girart du Liege	et de la t. Gerars qui Liege tint	de la t. Gerars qui Lieges tint	et de la t. li Alemans Olris
5) — —	— —	il et Gautiers icil qui Troyes tint	— —
6) de la quarte Hues de Chambresis	wie a	wie a	et de la quarte Girars qui Liege tint
7) et Gauter conte de Hainau	Gautiers ses freres de Haynau li marcis	· — — —	Gautiers ses freres cil qui Hainau meintint
8) de la Ve Arneis le conte d'Orliens	de la Ve Hernaus ki Orliens tint	de la Ve Ernaus qui Orliens tint	— — —
9) et Garner de Paris	— —	— — —	— —
10) de la VIe Hues de Rains	de la VIe Hues de Rains iasi	et de la siste Hues dou Mans iasi	et de la siste Jofrois li Angeuins
11) — — —	Il et Garniers ychis ki Branie tint	Il et Garniers icil qui Droes tint	— —
12) de la VIIe Joyfroy conte d'Anjou	de la VIIe Joffrois li Angeuins	de la setisme J. li A.	de la septime Hue dou Mans iasi
13) — — —	— —	— —	Garnier le preus icil qui Dreues tint

II.

a 3 b81 ff.	S 6 c45 ff.	Q 8 a 5 ff.	G 13 b15 ff.	F 11 c81 ff.
1) Aubris	Aubris	li Borgoins	les Bergoins	Auberis
2) Auri de Coloigne	Auris kist de Coulogne nes	l'Alemans qui de C. ert nes	li A. qui de C. est n.	wie G
3) — —	li quens Gerars	Gerars li preus	li dus Begues	Girart del Liege
4) Gauter	Gautiers	wie S	wie B	wie B

a 3b₈₁ ff.	S 6c₄₅ ff.	Q 8a₅ ff.	G 13b₁₅ ff.	F 11c₃₁ ff.
5) Richart de Normandie	de Normandie Richars	*wie S*	*wie S*	*wie S*
6) Ernais	Hernays	*wie S*	dus Hernais	*wie S*
7) Joffroy	Joffroys	*wie S*	*wie S*	*wie S*
8) Huez de Nantes	Hoiaus de Nantos	Hues del Mans	*wie a*	Hunalz de Nantes
9) Salomons	*wie a*	*wie a*	*wie a*	*wie a*
10) Begues	*wie a*	*wie a*	———	*wie a*
11) Do	*wie a*	quens Dos	———	quens Dou
12) Amauris	*wie a*	———	———	A. de Neuerz
13) Huez de Troiez	*wie a*	*wie a*	———	*wie a*
14) Terri d' Ardane	*wie a*	li Alemans Thierris	*wie a*	*wie a*

III.

a 5a₇ ff.	S 12a₈₈ ff.	Q 14c₉ ff.	G 21d₈₀ff.	F 15b₉ ff.
1. Huon de Tornay	H. ki Tournay tint	H. qui Gornaj tint	——	*wie Q*
2. le conte de Beauuesine	le c. us Biauuises	le c. as Beauuoisine	le c. en Biauuoisin	le c. au Bealuoisine
3. Girart de Mondyder	Gerart ki Mondidier maintint	*wie S*	——	*wie S*
4. Roger de Cleremond	*wie a*	*wie a*	*wie a*	*wie a*
5. ——	——	——	Hanri	*wie G*
6. Oeudon (?) de Roye	Eude de Roye	Herbort de Roye	*wie Q*	*wie Q*
7. Herbert de St. Quentin	*wie a*	Oedon de St. Qu.	——	*wie Q*
8. ——	——	——	Aniorrant de Couci	——
9. Pirron d'Aras	Pieron d'Artois	*wie S*	*wie S*	*wie S*
10. Josselin	——	*wie a*	*wie a*	*wie a*
11. Droon d'Amiens	*wie a*	*wie a*	Galerant	*wie a*
12. Son frere Amauri	*wie a*	son fil A.	son frere Gaudin	*wie Q*
13. Robert de Beues	R. de Boue	R. de Boues	——	*wie Q*
14. Engerrant de Couci	*wie a*	*wie a*	——	*wie a*

15. Tumas de Male	Clarambaut de Vendeul	Thomas de Marle	wie Q	wie Q
16. Sauari	Henri	wie a	wie a	wie a
17. Clerembaut de Verdin	de Ribemont A-lyaume le Florj	Clarenbaut de Venduel	— — —	wie Q
18. Aleaume le Fleurj de Ribemont	Thumas de Marle	Henri	de Ribemont A-liaume le Florj	wie Q
19. — — —	Sauari	de Ribemont A-leaume le Florj	— — —	wie Q
20. Henri de Pie	a Grant Pre Henri	wie S	wie S	wie S
21. le seigneur de Chaumy	le s. de Causin	le s. de Chauni	wie Q	wie Q
22. Cerci (?)	Tieri	Henri	— —	Tirri
23. Foucon	wie a	wie a	— — —	wie a
24. Josselin	Roisselin	Rosselin	Auri	wie Q
25. Galeran	wie a	wie a	— — —	wie a
26. Gaudin son frere	son fr. G.	wie S	— — —	wie S
27. a Verdun leuesque Josselin	etaueuk chou le ueske Lanselin	a Verdun le riche Lanselin	a V. remanda L.	wie Q
28. — —			Fromont	— — —
29. — — —			Jocelin	— — —
30. Guillaume le seigneur de Monclin	wie a	son frere Guillaume de Monclin	wie Q	wie Q
31. — —	— —	Galeran et son frere astormj	— — —	— — —
32. Bernart de Nasil	dant B. de N.	wie S	wie S	wie S
33. son frere le conte de Bouloigne	a Boul. son frere	a B. son frere	wie Q	wie Q
34. Yones li gris ses fieulx	Yeorez ses fils	wie S	wie S	wie S*)
35. Faucons qui la Tour d'Ordre tint	Fromont qui la T. d'O. tint	wie S	wie S	wie S

*) Diese Ersetzung des Namens *Yeorez* durch *Yones* findet in a durchweg statt.

Ausg. u. Abh. (Feist).

1*

IV.

a 5c₁₉ff.	S 14d₉₉ff.	Q 17d₉₉ff.	F 21c₄₀ff.	G 26a₉₉ff.
1. Ganter de Toulous	li Toulousains G.	li Toulousans	G. li preus	li Tolosains
2. cil de Borgoigne	chil de Bourgogne	cil de Bigorne	li cuens Bigorre	— — —
3. cil de chastel Sorin	cil de castiel S.	cil de chastel Thierri	cil de ch. Ouris	— — —
4. Guis de Brart (?)	Guys de Biais	Guis de Bihais	Gui de Biais	Guis de Bias
5. Do li veneres	wie a	Dos li v.	wie a	wie a
6. li villains Hernis	wie a	ses freres Hernais	ses freres Henris	ses freres ausi
7. Josselin d'Auuergne	en Auuergne — Josselin	d'Auuergne le conte Joselin	en Auu. le conte Joscelin	wie Q
8. ceulx de Bretaigne	cel de Bretaigne	Salemons	dan Salemon	cil de Bretaign
9. Orans (?) de Nantez	Hauwiaus de N.	Hunaus de N.	Hunals de N.	Hunaus de N.

V.

a 5d₄₄ff.	S 17d₁₉ff.	Q 21c₄ff.	G 30d₉ff.	F 25a₉₉ff.
1. ses gens de Brebant	sa gent chiaus de Br.	ses gens ceans de Br.	Braibant iuienent	tote Braibant
2. ceulx doutre le Rin	chiaus doutre le R.	ciaus doutre le R.	cil doutre le R.	cil doltre le R
3. Joyffroy le fils Gaudin	Joffrois li fieus Gaudin	de Lusceborc Joifroit le fil Oudin	de Lucebourc li fils au duc Odin	de L. Jenfroiz l fils au d. Odin
4. Galerant	Galerans	de Lamboro G.	de Lanbouro G.	de Lanboro G.
5. son frere Auris	ses frere Gaudins	Gaudin	wie Q	wie Q
6. le seigneur de Namur	ychils ki Namur tint	cil qui N. tint	li cuens qui N. tint	wie Q

VI.

a 29c₉₀ff.: 1) le roy Carboucles = ABCD·EFMOPQXZ. Fehlt S.

2) Empiles. Empires Q. Ampires AD·EMPX. Ampiles F. Pieres CO. Pierus B. Fehlt S

3) Aaron = CD·FMPQS. Madarans AB. Madetant O. Alarons X. Aiaarons E.

4) Seguins = D·EFMPQSX. Nerus A. Tigris BCO.

5) Gautiers. Gontiers BCD·EFMOPQSX. Gaifiers A.

6) Aufenions. Aufanions D·EFMPQS. Baufumes ABCO. Afilions X.

7) Maladin. Malardin D·FPQ. Falardres S. Amalras X. Samuel ABCO. Malardes EM

Folgen: 8) Tempies S.

9) Falatres S.

Aus dieser Zusammenstellung, und besonders aus den Nummern

$$10 \ldots \ldots \text{ der Tabelle I,}$$
$$2, 12 \ldots \text{ „ „ II,}$$
$$1, 6, 7, 30 \text{ „ „ III,}$$
$$3, 6 \ldots \text{ „ „ IV,}$$
$$3, 4, 5 \ldots \text{ „ „ V,}$$

geht hervor, dass a keiner der herangezogenen Handschriften so nahe steht, wie der Handschrift S.

Zugleich aber wird durch diese Vergleichung evident, dass S nicht die direkte Quelle von a ist. a weicht an mehreren Stellen von S ab und stimmt mit den übrigen Handschriften oder einigen derselben überein. So in den Nummern

10, 15, 16, 17, 27 der Tabelle III

und besonders

1, 2, 8, 9 der Tabelle VI,

wo a mit den 12 verglichenen Handschriften in Gegensatz zu S steht. Dass aber a, wo es sich von S entfernt, stets mit sämmtlichen oder der Mehrzahl der zur Vergleichung herbeigezogenen Handschriften übereinstimmt, führt zu dem Schluss, dass an diesen Stellen eine selbständige Änderung von S vorliegt und a, wie S, aus einer uns verlorenen Version (S') geflossen ist, in der sich diese Abweichungen noch nicht fanden.

Im weiteren Verlauf der Vergleichung begegneten wir noch einigen Stellen, die dieser letzten Behauptung als Stütze dienen können.

So a 1 d₁₀: *El la premiere nuyt que il jut o elle,* entsprechend Q 3c₄: *Premiere nuit que li dus i dormi (que auec li coucha FG)* = FG, während dies in S nicht ausgedrückt ist.

a 27 d₁₄: *depuis les pors de Neuble joncques as pors de Nauare,* entsprechend Q 118d₁₀: *des pors de Nuble (Nimes AD-O) dusque as pors de Nauare* = AD*FO; fehlt BCEMPSX (Vietor S. 63).

a 28c ⁵⁰ heisst es: *et lors lui demanda Gerbers qui le auoit fait cheualier. Mauuoisin luj dit que vng homme mort.* Der Gedanke fehlt S, während Q 125c ⁶⁶ *Qui tadouba dist enfes .j. mors hom* aufweist.

a steht ferner mit Q in Gegensatz zu S, wenn es 29a ⁵⁰ *li Saigne, li Teurc et li Persant et li Danois* nennt = Q 128c ⁶⁰, während S 102b ⁷ *li Teurc* und *li Danois* fehlen.

29a ⁵⁵ bietet a: *pour vng an,* wie Q 128d ³⁴ *dusqua .j. an,* gegenüber S 102c ⁸ *dusqua .iii. mois.*

Für die letzten drei Punkte konnten weitere Handschriften nicht verglichen werden. Hierher gehört auch das oben S. 8 bei der Vergleicung von a mit tQS gefundene durch 5) bezeichnete Verhältniss: aQt im Gegensatz zu S,

Hardoin a, *Harduins* Qt, *Bauduin* S.

Dagegen ist die Angabe Vietors (S. 30) unzutreffend, dass in *les .ij. serors* und *les mirent en vng sac* a mit Q im Gegensatz zu S stehe; vielmehr findet sich ersteres S 81d ³¹, und S 83a ¹¹ heisst es: *Ens en .j. sak assambler et gesir,* entsprechend Q 103b ¹⁴: *Ens en .j. sac les vont metre et gesir.* Dass a *mirent* und nicht *assamblerent* hat, wird Vietor doch nicht geltend machen wollen.

Nachdem wir so dargelegt haben, dass a am nächsten mit S verwandt ist, ohne aus ihm geflossen zu sein, lassen wir nun eine Übersicht derjenigen Stellen folgen, in denen a mit S, resp. mit S und Q wörtlich übereinstimmt. Zwar können das Resultat unsrer bisherigen Untersuchung zu stützen hier nur diejenigen Stellen dienen, in denen a mit S von Q abweicht, es mögen aber doch zugleich die Übereinstimmungen Platz finden, die zwischen a und den beiden anderen Versionen Statt haben, wenn auch aus denselben für die Gruppierung unsrer drei Redaktionen nichts resultiert.

a	S	Q
1d1: le duc Heruis prist congie du Roy Pepin et sentorna en son pais	2c44: Heruis sentourne sa de roy congie pris Si senreua arere en son pays	3a99: Du roi se part Heruins sa congiet pris Ainc ne fina si uint en son pais
2b6: pour son corps seruir	3c11: pour mon cors seruir	4b11: wie S.
2b91: les mors o les mors et les viz o les vis	3d10: La mort au mort lautre le vif au vif	4c9: Li mort iront as mors li uif as uis
2b99: que de Gascogne il feist vng autre bon amy	3d11: Or faites sire de la terre j. ami	4c9: Sire or refaites de la terre j. amj
2c99: les Flamans luj vindret mercy crier	4a99: Et Flamenc vinrent au roy merchi crier	4d99: Flamenc lor sunt venu merci crier
7c6: maintes fois — desconfit	24b11: Et mainte fois dant Gerart desconfi	29a99: wie S.
7d1: le roy leur donna jour pardauant lui a Paris au landemain de S. Denis	25a99: Je vous doins iour a ma court a Paris A lendemain de feute s. Denis	30a99: wie S.
7d10: a quatre lieulx de Bordeaux	25b11: A.iiij. lieues de Bourdele	30b99: A .ij. loetes de Bordeles
7d10: puis le donna au villain Heruis	25b99: Si le donna au boin vilain Herui	30b99: wie S.
7d11: a Doon donna le chastel de Blansi et Valperdue et le puis de Monchi	25b99: Doon donna le castiel de Blansi Et Valperdue et les puis de Monci	30b99: Valparfonde et le puj, sonst wie S.
9a99: lui donna de la couppe	27c9: li donne de la coupe	33a99: li done de la nes
10b11: quj tant ameret Gerbert leur bon cousin	32c99: quj tant amerent Gerbert leur boin cousin	40a1: Qui tant amerent Gerbert le fil Garin
11b1: prist le chastel de Monuble et abati celui de Moncy	38d10: Pris a Monnuble et abatu Monchi	46d99: wie S.
11d99: malgre en eust	42a10: Mal gret en ait dant Bernart	50b1: Maugre Bernar
12b10: ce fut apres vin	43d10: che fu apres le vin	51d99: wie S.
12c11: met la main a la teste	44c11: met a se tieste se main	52d11: wie S.
13bn: Nieuelon vng cheualier quj fut de Besencon	46b10: Neuelon .j. cheualier nes fu de Besenchon	54d99: wie S.
13a5: il soy vouloit metre en la merci le roy et luj randre la ville	46d1: Et me metrai del tout en sa merchi, Toute Bourdele li renderai en fin	55d9: Si me metrai; li renderaj en fi; sonst wie S.

a	B	Q
13bₐ: le bon duc Auberis Hues des Mans et Garniers de Paris Girart du Liege et Joffroy l'Angeuin	48aₐₐ: Gerars de Liege et Joffrois l'Angeuins Hues del Mans et Garnier de Paris El premier cief li boins dus Auberis	57cₐₐ: Des loiges ist li Boi goins Auberis ₐₐ: Gerars du L. et J. l'Ai geuins H. du M. et G. de Paris
13cₐ: Hernis quj mist le feu en la ville	48cₐₐ: Quant en la vile a Hernis le fu mis	58aₐₐ: Ont en la vile et c borc le fu mis
13cₐₐ: que il ce metoit du tout en sa merci	48dₐ: Je me metrai del tout en sa merchi	58bₐₐ: wie S.
13dₐ: Begg. estoit ung jour en son chastel de Belin	49aₐₐ: Un jour fu Beges ou castiel de Belin	58dₐₐ: wie S.
13dₐₐ: que oncques puis ne le vit	49cₐ: conques puis ne le vit	59bₐₐ: que onques plus i vit
14aₐ: passa la Gironde au port s. Clarantin	49cₐ: Passe Geronde au porc s. Clarantin	59bₐₐ: wie S.
14dₐₐ: bien le regardet et par darriere et par dauant	51dₐₐ: Il le regarde et deuant et derier	62bₐₐ: wie S.
14d 22: cheit tout paame	51dₐₐ: Paames kai	62bₐₐ: wie S.
14dₐₐ: le plus cortois de France	51dₐₐ: Le plus cortois — Qui onques fust en France	62bₐₐ: wie S.
16bₐₐ: demanda que ilzuuoiet fait de Begg.	55cₐₐ: Kaues vous fait de Beg'.	68bₐₐ: wie S.
16cₐₐ: la oust este F. detranche et occis	57cₐₐ: Fro. euissent detrenchie et ochis	*fehlt nach* 70cₐₐ.
17cₐₐ: Huez des Mans et Garner de Paris	61bₐₐ: Hues del Mans et Garniers de Paris	75aₐₐ: wie S.
17dₐₐ: puis demanda treues F.	61 bis dₐ: Trieues demande Fro.	76dₐₐ: wie S.
18bₐₐ: plusieurs prist que il fit escorcher et de male mort mourir	64aₐₐ: Molt en a fait morir et escorchier	79dₐₐ: wie S.
18cₐₐ: il auoiet leur foy mentie	64bₐ: leur fois ont menti	80aₐₐ: wie S.
18dₐₐ: qui estoit le mainsne de tous	65cₐ: Cert li maisnes de tous	81cₐₐ: Cest; sonst wie S
19aₐ: Garner le nouueau cheualier	65dₐₐ: Garniers — Cheualiers fu nouuians	82aₐₐ: wie S.
19aₐₐ: Poncon qui tint Sorbrj	66bₐₐ: Poncon ki tint Sorbrj	82dₐₐ: wie S.
19dₐₐ: puis mist ors de Belin — les gardes	69bₐₐ: Il vint as gardes si les a tous hors mis	86bₐₐ: si le autous fors, sonst wie S.
20aₐ: prist Ays et la fit retenir et bien fermer	69dₐₐ: Ais en Gascongne fait li dus retenir Et bien fremer —	87aₐₐ: wie S.

a	S	Q
20a₁₀: aleret mectre le siege a Bordeaux	69d₁₀: Deuant Bourdele lor est li sieges mis	87a₁₀: a le siege; *sonst wie S.*
20a₁₀: que lun mort pour lautre il pourroiet estre bons amis	70b₁₀: Lan mort vers lautre soit en escange mis Acordes vous si soyes bois ami	87c₁₄: Luns mors pour lautre *etc.* Acordes vos et soies *etc.*
20b₀: F. soy mist entre luj et la ville	70c₀₀: Entre Huon et la vile se mist	87d₁₀: *wie S.*
20c₀: Rigaut a pou ne fut forcene	71a₁₇: Rigaus lentent a poi nest foursenes	88c₁₄: Rig'. meismes chist a terre pasmes
20c₁₀: .vi. cheualiers quj dedens estoiet fit il escorchier tous vifs	72d₁₀: Et chil dedens furent — escorcie tous vis	90d₁₄: *wie S.*
20d₀: et la furet ceulx d'Aualoys et doutre le Rin	71c₁₄: Et Aualois et chil doutre le Rin	89b₀: *wie S.*
21a₀₀: pour ce que lon soy doutoit quil morust il fut derrechief reuestu des draps de religion	73c₁₄: Li moine doutent kil ne doie morir Moine lont fait les dras li ont vesti	91c₁₄: en doie *und* li font vestir; *sonst wie S.*
21b₁₀: alla retraicte que fit F. fut tue .vi. de ses fils	74b₁: A le retraite ke li cuens Fro. fist Y a li cuens perdu .vi. de ses fils	92c₁₀: A le retraite perdi .vi. de ses fils.
21c₁: F. demanda treues	74b₁₀: Trieues demande Fro.	92c₁₀: *wie S.*
21c₁₀: en despit de lui et de son fils Fremondin	74b₁₄: el despit Fro. et Fromondin	92d₁: en despit Fromt. et Fromondin
21d₀: de Milon de Lauardin qui tenoit la moitie du pais de Vegesin	75d₁₇: — Milon de Lauardin Qui le moitiet tenoit de Voghesin	94b₁₀: Vengesin; *sonst wie S.*
21d₁₀: li quens Rauous de Cambresy qui guerroya les .m. fils Herbers	75d₁₀: Li cuéns Raouls de Cambrai — Qui gerroia les .iiii. Herbert fils	94b₁₀: *wie S.*
21d₁₀: affin que nul nes peust saillir ny antrer	75d₁₇: Que nus ni puist ne antrer ne issir	94c₀: *wie S.*
22a₀: Enguerrant le seigneur de Cousy quj nestoit pas encore du tout gari	76b₄: Et Engheran le signeur de Couchi Qui de ses plaies estoit aukes garis	94d₁₀: *wie S, jedoch car für* qui.
22a₁₀: tout a terre mis	76a₁₀: tout a terre mis	94d₁₇: par terrre trebuchier et chair
22b₁: garnit bien la marche de son pais	76d₁₀: Ses marces a — garni	95d₁₀: a — ses marches garnis
22d₁₀: le roy — luy bailla .cc. somers charges dor et dargent	79b₄₄: Il lendonna cargie .ii. somiers Dor et dargent —	99a₁: *wie S.*

a	B	Q
23b..: puis fit il bien garnir les chasteaux que le roy lui ot baille	80d..: Li dus a fait ses boins castiaus garnir Que li donna lempereres Pepins	100c..: Li dus a fait se bons chastiaus garnir Que li rendi lemperere Pepin
et les randit a Gerin et Arnaut	Il les rendit et Hernaut et Gerin	Il les bailla et Hernant e Gerin
puis prist congie deulx et de Rigaudin	Vaissent li dus de Rigaut congie prist	Vait sent li dus de Rigau congiet prist
et sentorna a Mes en son pais	En Loheraine reuint en son pays	En Loheraine sen vint en son pais
departit son ost et conioya ses gens	Ses sodoiers et ses gens departi	Ses sodoiers et ses gens de parti
et leur donna or et argent a plente	Or et argent leur donne a leur plaisir	Or et argent lor done a lo plaisir
et la demoura troys ans luj et son filz Ger. sans faire nulle guerre	Li dus remaint il et Gerbers ses fils Bien fu .ui. ans onkes gerre ne fist	Li dus remaint jl et Gerber ses fis Bien fu .iiij. ans conque guerre ne fist
24c..: priret le chastel de Dieu le gart	82c.: Dieu le gart ont deseur Mousele assis	102c..: Le traitor ont desu Muese asis
25a.: Haton le Normant	84b..: Haton le Normant	104d..: wie S.
25b..: au moustier S. Seurin	85c..: el m. S. Seurin	106b..: el mostier pour gari
25d..: lun fut de Roye lautre de Poissy le tiers fut du chastel de Crespi	88a..: Luns fu de Roie li autres de Poissi Et li tiers fu del castiel de Crespi	109b..: et lautres; somt wie S.
26c..: quant la royne vint de sa chambre	91c.: quant la Royne en ses cambres en vint	113d..: wie S.
26d..: car il souloit estre seigneur et maistre en celuj pais	92b.: Vous solies estre sire de cest pays	114d.: Sire esties de tresto cest pais
27b..: a Montagu sen alla Guinemant et alla Roce Josselin le Normant	93a..: A Montagu enuoie Guynemant Et ale Roche Josselin le Normant	116a.: wie S.
29a.: le roy lui dit que grans et petiz en parloiet	102a..: Oi lay dire les petis et les grans	128b..: Je loi dire trepiec ala gent
29c..: le roy demanda conseil a Ger.	104a..: Garb. demande pour lui donner consoil	130d..: G. apele pour etc.
30b.: Ger. folement lui responsit	107c..: folement respondi	134d..: adont si respondi
30b..: fut pris oustages	107d.: boins osaiiges prist	135a..: ostaiges en prist
30b..: F. quj fut ennuye du siege tenir	108a..: Laisse le siege dont anuyes estoit	135c..: Laisse le s. qui anujet lauoit
30b..: si estoit venu au roy parler et pourchasser quil lui voulsist aider	108a..: — ala parler au roy Quil li venist aidier —	135c..: wie S.

a	B	Q
80d..: quant la royne se oit clamer putain	111a..: Quant la royne soi clamer putain	138d..: wie S.
31a.: son fillou auoit il estrangle a ses .11. mains	111a..: Qui son filleul estrangla de se main	138d..: Et s. f. estrangla a ses mains
31c..: ramena Ger. et donna sanconduit a F.	114b..: Gerb. ramaine — Seur conduit a donne a Promon.	142b..: Gb'. enmaine conduit liura From'.
31d.: de li reffaire Belin	115b.: si referons Belin	143b..: wie S.
33a.: sa selle nue nuz pies et en lange vne verge en son poign	121b.: Nue sa nielle — Nus pies en lange — La verge el puing	150c..: Nue sa sele — Lauerge el puing —
33d.: son bon cheual auoit il donne a son ennemy mortel	124a.: — mon cheual — Donne lanes mon anemi mortel	154a..: wie S.
34b. u..: saillit sur pies	125a.. u..: saut en pies	155c.: G. saut sus u..: il mnt a luj
34b..: des deux fois de genoilz le miret	125a..: Il lont — .u. fois a genous mis	155c..: wie S.
34b..: les autres failliret al enferrer si passa oultre	125b.: Al empresser ont li autre falli Outre sen passe —	155c..: Al apresser ont cil aluj fali Outre sen passe —
34c.: Maun. congneut bien F. a vng vert eauwe	125c.: Bien le connut au vert elme —	156a.: wie S.
34d.: fit enfouir les mors et les blesmes fit il aporter a Bor.	126b..: — fist les mors enfouir Et les neures — En fist porter a Bourdele—	156d..: A fait porter; sonst wie S.
36c.: que il nauoit que vng an que il en estoit venu et que ses gens en estoiet tous lassez	131b.: — na mie encor J. an Que ie reuing de Bourdele— Lasse y sunt et mi homme et ma gent	163b.: — na pas passe J. an Que iou reuing de Bordele — Que n(!) enfurent et mi home et ma gent
37d.: dist que la reigle estoit trop forte	134c..: La riule est fors	168a..: La riule est si fait mult a douter
38b..: .c. destrez .c. mulles et .c. faulcons muez	136d..: — .c. destriers Et .c. mules et. c. faucons muyes	170d..: — .c destriers Et .c. mules mult bien aparillie Et .c. ostolrs et .c. faucons gruiers
38c..: que lui seul ne lauoit one enuair	137c..: Que par mon cors nel osai enuair	171d..: osai amlir; sonst wie S.
38d..: quj portoit le gofanon d'Esclauonie	138c.: D'Esclauonnie portoit le confanon	178a..: wie S.
39a..: Ger. lui dit quil auoit autre chouse a faire que prendre famme et conduire plais	138d..: El ai a faire li dus Gerb' a dit Que femme prendre ne plait a maintenir	178c..: vire G. a dit; ne plais a m.; sonst wie S.

a	S	Q
39c₁₀: et que il nauoit plus doir fors que vng petit filz	140b₄₄: Je nai plus doirs ne mais .j. petit fil	175d₃₁: fors seul .j. p. f.
40c₄: le miret en vne nef	143a₄₄: lont mis en vne nef	178d₁₀: wie S.
40d₁₁: de ceului sceut bon gre Fr.	144a₃: De cou li sot mult boin gret Fromondins	179d₄₄: De ce lensolt; so wie S.
41b₄₄: bien .u. ans et demy	146d₃: bien .u. ans et demi	182c₁₁: bien.iij.ans ucom[
41d₃: il aroit Amadas en sa merci	149c₁₄: Sert Amadas — a sa merci	185d₁₀: en sa m.; so wie S.
41d₁₁: il furet bien deux tans que les crestiens	149d₄₆: Plus sunt .ij tans de la crestyenne gent	186c₁₁: Quil sunt .ij. ts que ne sunt crestien
42a₃: bien exsausa la loy crestienne	151c₄₆: Crestiente essauca	*fehlt, da Blatt* 188 *der 1 serrissen.*
42c₄₄: que il soy glorifioit de son mal	153d₄₆: En mon damaige bien vous glorefies	191c₁₁: or vous gl.; so wie S.
43a₄₄: que en la guerre nauoit il encore riens gaigne	157a₄₇: Car en la guerre riens gaaigniet naues	*fehlt nach* 195d₃₁.

Es erübrigt noch, auf einen Punkt hinzuweisen, der bei der Aufstellung des Stammbaums unserer Handschriften Berücksichtigung finden darf. Wir begegnen nämlich in a einer Anzahl von Schreibfehlern, die mit Sicherheit schliessen lassen, dass die uns vorliegende Handschrift nicht erste Niederschrift der Prosaredaktion ist, sondern Kopie. Diese Fehler sind hauptsächlich solche, wie sie auch heute noch von dem Kopisten mittelalterlicher Handschriften nicht selten gemacht werden: er schreibt den soeben gelesenen Satz nieder, will nun zum nächsten übergehen und sucht deshalb in der Vorlage das letzte Wort des eben Kopierten. Dies Wort wiederholt sich aber in kurzem Zwischenraum, und durch Zufall richten sich auf das zweite statt auf das erste seine Augen, so dass er den Zwischenraum überspringend beim zweiten fortfährt. In unserer Handschrift findet sich dieser Fehler zunächst 12d₁₆:

mains bons cheualiers furet m o r s a saint Seurin le roy torna celle
jornee atant F. soy retrait et fit enterrer les m o r s a saint Seurin le
roy torna a sa tente.

Die Worte *a saint Seurin le roy torna* (vor *celle jornee*) sind
durchstrichen; der Kopist hat also seinen Fehler bemerkt und
verbessert.

Ferner 38 a si:
— dit que ceu nestoit pas vie de m o i g n e s par telle Fre. gouuerna
son abbe et les m o i n e s par telle maniere que —,
wo das erste *par telle* getilgt ist.

Etwas anders verhält es sich 11 b 14, wo es heisst:
si prist conseil de sen aller par mer a B o r d e a u x pour accorder
ses amis au roy Pepin — si sen parti de Lans auec vne grosse compaignie
et quant il fut a B o r d e a u x pour accorder ses amis Hames lui vint
audauant —.

Hier ist der Kopist von dem zweiten *Bordeaux* auf das erste
zurückgekommen und hat irrtümlicher Weise die auf das erste
folgenden Worte *pour accorder ses amis* nochmals abge-
schrieben. An zweiter Stelle sind sie gestrichen.

Seltsamer ist die 11 a 15 angebrachte Korrektur. Die Stelle
lautet:
vint a Blaines et laparet le siege et soy retrayret passa la Gironde
quant Bordelay le sentiret venir rompiret le siege et soy retrayret a
Bordeaux.

Hier findet nicht, wie oben, Wiederholung eines Wortes statt.
Hat vielleicht die Wiederholung des Buchstaben *p* in *passa*
und *rompiret* den Kopisten irregeführt, so dass er von ersterem
auf letzteres überspringend beide Worte zu *laparet* verschmolz?
Auch hier hat er den Irrtum schnell bemerkt und die Worte
paret le siege et soy retr. gestrichen.

Das Resultat der bisherigen Untersuchung ist folgendes:

Die Prosa a steht am nächsten der in der Handschrift S
erhaltenen Redaktion der Chanson des Loherains. S ist jedoch
nicht die Quelle von a. Als solche ist vielmehr eine verlorene,

mit S^1 zu bezeichnende Version anzusehen, die zugleich Vorlage von S war. Verloren ist auch die erste Niederschrift a^1 der Prosaredaktion. a ist Kopie.

Das Verhältnis lässt sich folgendermassen darstellen:

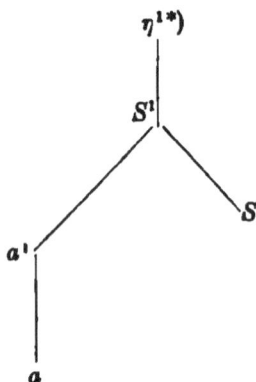

$$\eta^{1*})$$
$$S^1$$

$$a^1$$

$$a$$

II. Teil.

Wie hat der Verfasser der Prosa die Chanson behandelt?

Es soll nun im einzelnen die Thätigkeit des Prosaredaktors untersucht werden. Bei der zu diesem Zwecke vorzunehmenden Vergleichung der Prosa mit der nächstverwandten Handschrift S fällt zunächst auf, wie der Bearbeiter den ihm gebotenen ungeheueren Stoff zu verhältnissmässig geringem Umfange zusammengedrängt hat. Während S aus beinahe 163 Blättern besteht, von denen jedes auf 4 Spalten je 47 Zeilen, also 188 Zeilen, trägt,

---

*) Vgl. Zeitschr. f. rom. Phil. 1878. II, 348 Anm.

nimmt die Prosa nur etwa 44 Blätter mit je 4 Spalten ein, von denen jede circa 30 Zeilen fasst.

a giebt also den Stoff bedeutend g e k ü r z t wieder.

Von der Kürzung wurde alles das betroffen, was für das Verständniss der Erzählung nicht erforderlich war.

So werden zunächst die W i e d e r h o l u n g e n vermieden, die sich in der Chanson in grosser Anzahl finden.

In S ($39a_{16}$—$_{33}$) erzählt Bernart de Nasil dem Fromont die Vorfälle, die zur Belagerung von Bordeaux Anlass gaben (Überfall Begon's u. s. w.). Da diese Vorfälle alle schon dargestellt sind, kürzt a, indem es sagt ($11b_8$—$_9$): [*Bernart*] *luy conta — la cause pourquoy — le roy tenoit le siege dauant son frere a Bordeaux.*

Ähnlich wird S $42b_8$—$_{12}$ dem Fromont berichtet, was der Leser schon Blatt 41 und 42a erfahren hat; a umgeht die Wiederholung mit den Worten ($12a_1$): *ainci le manda a F.*

$59c_8$—$_{33}$ stellt S dar, wie Fromont mit seinem *linage* kommt und die Absicht ausspricht, Girbert u. a. zu töten. Das wiederholt sich in der Erzählung des Ritters vor Auberi ($59c_{42}$ —$59d_3$) und nochmals in der Auberi's vor Garin ($59d_8$—$_9$). In a ist es nur das erste Mal ausgeführt, dann aber als bekannt vorausgesetzt ($17a_{18}$).

Die bereits geschilderten Ereignisse des Kampfes erzählt in S $63b_{16}$ -$_{84}$ Rigaut der Königin; a giebt das $18b_{16}$—$_{17}$ an, führt diesen Bericht aber, um die Wiederholung zu vermeiden, nicht aus.

Aus demselben Grunde ist es in a ($19d_4$—$_7$) nur kurz berührt, wie Benselin, der *chamberlain*, dem König das Geschehene und dem Leser schon Bekannte erzählt, während S diesen Bericht $68d_4$—$_{86}$ ausführt.

Auch für S $76b_{14}$—$76c_{33}$, wo der Bote vor dem König und der Königin bereits früher erzählte Einzelheiten (Besiegung Bernart's u. a.) berichtet, findet sich in a nichts Entsprechendes.

S $78b_{10}$—$_{17}$ giebt Garin an, aus welchen Gründen er Pipin aufsuchen will; als er vor den König tritt, legt er es auch diesem sie dar. In a fehlt das Erstere.

S 119a—b wird derselbe Bericht nach einander dem Girbert, dem König, der Königin gebracht, während a 32c₂₆—₃₀ zusammenziehend sagt: [*Mauuoisin*] — *dit au roy a la raine a Ger. (et Ge.) comme Ar. estoit encores vif* u. s. w. Die Anerbietungen, die Fromont, um den Frieden herzustellen, dem König macht, werden in S nicht weniger als dreimal genannt: erst schlägt sie Guillaume dem Fromont vor (119d₁₇—120b₁₆), dann überbringt er sie dem König (121a₉₁—121b33), und schliesslich empfiehlt Pipin sie dem Girbert (121d₁₆—122a₁₃). In a finden sie sich nur einmal (32d₁₆—33a₈₃), und zwar folgendermassen eingeleitet: [*F.*] *enuoia Guillaume au roy en message et lui supplioit dacourt et lui offroit de soy rendre a Rains* u. s. w.

Ähnlich rät in S 130a₁—₁₆ Hernais dem Arnaut, Boten zu Fromondin zu schicken, und nennt die Bedingungen, die sie ihm vorschlagen sollen. Dieselben Bedingungen werden ebenso ausführlich den Boten, als sie zu Fromondin gelangt sind, in den Mund gelegt (130a₃₃—₄₆). a führt sie nur einmal an, nämlich 36b₁₆—₁₇: *Arnaut le jour suiuant manda a Fremondin que il lui enuoiast sa famme* u. s. w.

Die a 36c erzählten Vorgänge werden in S ebenfalls zweimal dargestellt; 130d₁₀—₄₆ werden sie dem Girbert, 131a₆—₂₃ dem König geschildert. 140a₃₉—140b₁₆ schliesslich wiederholt S, was schon 134a erzählt wurde, dass nämlich Gerin und Mauuoisin den gefangenen Fremondin töten wollen, aber von Girbert daran verhindert werden. a vermeidet auch diese Wiederholung, indem es (39c ₈—₁₀) sagt: *et depuis molt trauailla a le sauuer de Ger. et de Mauuoisin.*

Auf dasselbe Princip, dem diese Vermeidung von Wiederholungen entspringt, ist es zurückzuführen, wenn a über die in seiner Vorlage sehr häufig vorkommenden S c h i l d e r u n g e n stillschweigend oder mit wenigen Worten hinweggeht. So ist, um zunächst die Schilderungen von P e r s o n e n zu berücksichtigen, der äusseren Erscheinung der zu Rosse in Paris einziehenden Blancheflor in a mit keinem Worte Erwähnung gethan, während S (25d₈₄—26a₄) ein sorgfältig ausgeführtes Bild von ihr bietet.

Ebenso verhält sich a gegenüber den Schilderungen, die S 55b₄₄—55c₈ von Rigaut und seiner Begleitung, 68a₈—₁₈ von Guillaume und seinen Gefährten, 78d₁—₁₈ von Garin und Auberi giebt.

Beschreibungen der äusseren Erscheinung junger Ritter finden sich ferner in S fast regelmässig da, wo die Adoubements jener geschildert werden. Während S dieses ziemlich ausführlich zu thun pflegt, mit Wiedergabe selbst der Regeln *(chastiements*))*, die dem jungen Manne mitgegeben werden, geht a darüber stets schnell hinweg. So entspricht a 6c₇—₈: *F. ordonna que Guill. de Monclin seroit cheualier* der Passage 20b₈₄—₈₈ in S, a 11d₁₀-₁₂: *a la requeste le conte Baudouin et Ber. fit il cheualier son fils Fremondin* der Passage 41a ₁₈—₄₈ in S, und für die in S 5 Spalten (57c₈₈—58d₈₁) füllende eingehende Schilderung von Girbert's Adoubement hat a nur die Worte (16d₈—₈): *G. — enuoia son fils Gerbers au roy pour le faire cheualier et le roy le fit o bonne chiere et lui donna de beaux dons et si fit la ۱oyne quj bien lumoit puis prist conie.*

Die Schilderung des Festes St. Beney, wie es Garin mit seiner Umgebung feiert (S 54a₄₄—54b₁₃), fehlt a, ebenso die Schilderung der Vorbereitungen, die zum Empfang der Bordelesen von Garin und den Seinen getroffen werden (S 56d₄₄—57d₈), und des Empfanges, der Gerin und Arnaut in Metz (S 65b₁₈—₈₁) bereitet wird.

Einer starken Kürzung werden vor allen Dingen die in S meist sehr breit ausgeführten Schilderungen kriegerischer Ereignisse unterzogen.

---

*) Solche Chastiements finden sich öfters in unserem Epos, so 20b ₁₄—₃₃, 28c₀₁—₀₄, 41a₃₃—₄₁, 43a₈-₁₀, 55a₃₀—₈₈, 57a₀₁—₁₀, 65a₂₂—₄₃, 107d₄₀—₄₄. Das didaktische Element der Chansons de Geste verdiente eine Spezialuntersuchung.

Das Aufgebot des Königs (S 37b$_4$—$_{16}$) ist in a durch
11a$_{11}$—$_{12}$: *le roy se mist en grant puissance en ost* wiedergegeben, die Erzählung vom Aufbruch Begon's und dem Ab-
schied von Beatris (S 37c$_{33}$—37d$_{12}$), die Vorbereitungen zum
Aufbruch des Heeres (S 71d$_{39}$—$_{45}$ und 119b$_{39}$—$_{46}$) fehlen a ganz.

Für die Schilderung des Ausfalls, die S 20b$_{40}$—20c$_{12}$
giebt, bietet a nur (6c$_8$—$_9$): [*F.*] *ordreneroit (!) vne saillie sur
le roy Pepin.*

Die Verwüstung des Landes, die S 72c$_{10}$—$_{21}$ geschildert wird, erwähnt a mit den Worten (20d$_{14}$—$_{15}$): *en son
chemin arsit la riuiere de Meuse.*

Die Einnahme von Nasil, die S 72b$_{16}$—72c$_8$ in ihren
Einzelheiten dargestellt ist, wird von a (20c$_{33}$—$_{46}$) wiedergegeben durch: *lors fit il assaillir le chastel et le prist et le
rua par terre,* und die Einnahme von Verdun, entsprechend
S 74c$_{44}$—75a$_4$, durch (21c$_{10}$—$_{14}$): *et le jour suiuant fit il assaillir la ville de toutes pars et bien fut deffendue touttefois
alaparfin fut elle prise.*

Die von S gebotenen Schilderungen von Schlachten unter-
zieht a einer besonders starken Kürzung. Meist werden von
a nur die Heldenthaten der Hauptpersonen aufgezählt, und
wird das Resultat mit kurzen Worten angedeutet, während S
sich bemüht, in dem Leser eine recht deutliche Vorstellung von
dem Lärm der Schlacht, der Erscheinung der Heere hervorzu-
rufen, Gedanken und Worte der Kämpfenden, Beschaffenheit
der Hiebe und der Wunden anzugeben. So z. B. fasst a die
Beschreibung, die S 20c$_{14}$—20d$_{12}$ giebt, zusammen in die Worte
(6c$_{10}$—$_{15}$): *moult y fut bon cheualier Guill. de Monclin moult
y eut dure et cruelle journee F. pour ce jour ot du meilleur
et moult des gens Hucz de Cambresis furet tuez.*

Für S 22a$_{12}$—22b$_{21}$ hat a 6d$_{31}$—7a$_6$: *a celui jour de
Bouloigne F. tua Amauri de Bienc cousin Garin mes tout apres
moult y perdit F. car Begg. blessa Yuonnet le Gris et tua
Fromont de Bouloigne son pere et Hanri de Montagu tua Fromont qui la tour d'Ordre tint.*

S $28d_{27}$—$29a_{28}$ entsprechen in a die Worte ($9c_{19}$—$_{22}$): *a la journce bien combatirent car ilz estoient deux vaillans cheualiers mes alaparfin Yonet fut desconfit et Beggon le tua en champ.*

S $34c_{24}$—$35a_{18}$ resümiert a ($10d_{7}$—$_{10}$) in: *la y eut maintes belles saillies et moult darmez y fit Begg. et ses compaignons.*

Der zwei Spalten füllenden Schilderung, die sich in S $46a_{33}$—$46c_{48}$ findet, entsprechen in a 8 Zeilen ($12d_{24}$—$_{28}$): *et celuj jour pou y gaingna F. car Fregaudin (!) fit si vaillanment que il prist son filz Fremondin Faucon et Josselin et .x. autres en leur compaignie Giraume qui fut de Balagues et Giraume qui fut nepueu Alorj Faucones tua ce jour Nieuelon vng cheualier qui fut de Besencon.*

Als besonders eclatantes Beipsiel wollen wir die beiderseitige Wiedergabe des Kampfes, den Guillaume de Blancafort gegen Arnaut, Garin u. A. zu bestehen hat, hier anführen. S erzählt folgendermassen ($68b_{10}$—$68c_{10}$):

$68b_{10}$: Voile Guillaumes a poi nesraige vis
Voit son neueu mort a terre gesir
Se il nel venge mult se prise petit
13 Le destrier broce des esperons dorfin
Brandist la hanste al achier polteuin
Tant com il peut des esperons ferir
16 Hernaus latent quant il le vit venir
Bien le sachies pas ne li volt guenchir
Tels cols se donnent es escus biaunisis
19 Quil sentrebatent des destriers arrabis
Tous premerains est Hernaus sus salis
Jouenes hons est si a le ceur hardi
22 Nest pas meruelle fieus fu au palasin
Au duk Begon del castiel de Belin
En nule tere not cheualier si fin
25 Hernaus li preus au branc dachier fourbi
Se deffent bien car il sot descremir
Mult grant meskief signeur auoit enki
28 Ja luns des .ij. nen alast sains ne vis
Quant y souruinrent et Gerbers et Gerins
Do li veneres Berengiers et Gaudins
31 Qui les rens cerkant contre leur anemis

Et quant Guillaumes vit chiaus sur yaus venir
Ni vausist estre pour tout lor de Paris
34 He las dolans li cuens Guillaumes dist
Del roy de France ses conduis vaut petit
Le ceur eut il vighereus et hardi
37 Dales lui garde son cheual a coisi
Il fist .j. saut par le regne le prist
De le terree en la siele sali
40 En fuies tourne si a lestour gerpi
Quant lencontra li loherens Garins
Li preus Gerbers et Hernaus ses cousins
43 Do li veneres li peres Maluoisin
Brochant tout .iiij. vont Guillaume ferir
Grant cop li donne cascuns si comme il vint
46 Lescut li percent sous le boucle a or fin
Li .j. fiert haut lautre bas ce mest auis
68c₁ Si com cascuns peut au poindre venir
Li fiers fu caus ne pot lachier souffrir
El cors li plongent leur achiers poiteuins
4 Copent leskine et les bras et le pis
Mort le trebuscent droit enmi le chemin
Si le deueurent com fait li leus brebis
. 7 Dont trait lespee li loherens Garins
Arestes est deseur son anemi
Tres le braiel le pourfent dusquel pis
10 Foie et poumon par terre en espandi.

Diese breite Schilderung fasst a zusammen in die Worte
(19c₁₈): *la fut il pris et tue.*

Von den anderen Stellen, die für diese Darstellungsweise
als Belege dienen können, seien hier nur folgende angeführt:

S 2a₄₅—2b₄₇ . . . verglichen mit a 1c₁₄—₂₆,
S 21d₂₇—22a₄ . . „   „ a 6d₁₉—₂₁,
S 37d₃₆—38b₁₃ . . „   „ a 11a₂₁—₃₁,
S 61 bis a₄₄—61 bis c₄₀ „   „ a 17d₁₈—₂₉,
S 62d₄₀—63a₂₆ . . „   . „ a 18b₂—₆,
S 122b₂₁—124c₂₁ . „   „ a 33b₂₁—34a₅
(beiderseits mit Unterbrechungen),
S 144a₁₁—144c₂₇ verglichen mit a 40d₂₂—41a₅,
S 148a₂₃—149b₂₉ „   „ a 41c₁₁—₂₉,
S 150a₉—151c₂ . „   „ a 41d₁₃—₃₂.

Während so der Verfasser der Prosa in den meisten Fällen
die von S geschilderten Kämpfe in gekürzter Form reproduziert,
lässt er andere ganz unerwähnt, solche nämlich, die keinen
tötlichen Ausgang haben. So fehlt a der von S 46 c ss—41 be-
schriebene Zweikampf Begon's mit Bernart, in dem letzterer
verwundet, nicht getötet wird, und der S 73 c ss — ss dargestellte,
in dem Girbert den Bischof Lanselin zu Boden wirft; in gleicher
Weise lässt a unerwähnt den Kampf Arnaut's und Fromondin's
S 100d 44—101a 14, Mauuoisin's und Guillaume's S 122d 16—24,
Mauuoisin's und des Ritters von der Gascogne S 124 c 1—8,
Arnaut's und Huon's, Mauuoisin's und Guion's, Hernais' und
Sanson's, sämmtlich S 129 c 1—11.

Nächst den kriegerischen Ereignissen sind am konsequen-
testen die häufig vorkommenden Botensendungen dem
Kürzungsprinzip des Redaktors unterworfen worden. Während
S mit Vorliebe alle Details derselben erzählt, erwähnt a nur
ihre Resultate oder lässt sie unberücksichtigt.

a 13a 24—26 heisst es: *Beg. — prist le borc et la bassecourt
[de Blancafort]*, entsprechend S 47b 47: *Et li dus Beg. a tost
le castiel pris.* Dann fährt a fort (13a 26—29): *Joyffroy et
Gusselins rendiret la grosse tour du dungon leurs corps et
leurs biens sauues.* In S aber folgt (47c 1—8):

Il en appiele Joffrois et Gusselins
Rendes la tour dont vous estes misi u. s. w.

Gasselin bittet Begon, sich zu gedulden, bis er sich bei Guillaume,
dem Herrn von Blancafort, Rats erholt hätte (47c 1—8):

Dist Gasselins donnes nous .j. respit
A monsigneur trametrai le matin u. s. w.

Darauf Begon (47c 12—14):

je lotroi Gasselin
Conduit vous doins desci au reuenir.

Der Bote wird abgeschickt und kommt nach Bordeaux.
Der Pförtner hat Befehl, niemandem den Eintritt zu gestatten.
Als er jedoch erfahren, dass jener eine Botschaft an Guillaume
hat, sagt er (47c 26):

Atendes moi girai parler a lui;

und der Bote (47c 87):

> Va dont tost frere haste toi dous amis.

Der *portier* kommt zu Guillaume und erhält die Erlaubniss,
den Boten einzulassen (47c 86—89):

> Le pont auale et chils sest dedens mis
> Duscal palais ne prist il onkes fin
> Voit les barons ses a araison mis
> Li quels a nom Guillaumes li marcis u. s. w.

und nun richtet er seinen Auftrag aus (47c 48—47d 8). Darauf
hält Guillaume von Blancafort mit Guillaume von Monclin,
Fromont und Bernart de Nasil Rat (47d 4—8) und giebt dem
Boten den Bescheid (47d 18—21):

> Ales vous ent ariere biaus amis
> Si me dires Joffroie et Gasselins
> Que il se rengent et mecent en merchi
> Je ne veul pas que il soient honni.

Der Bote entfernt sich, kehrt nach Blancafort zurück und
überbringt Guillaume's Worte. Es folgt ein neues Gespräch
zwischen Gasselin und Begon, und nun erst übergeben sie sich
leurs corps et leurs biens sauuez (47d 48). Die ganze ausführ-
liche Erzählung fehlt a.

Nicht weggelassen, aber zusammengezogen hat a die breite
Darstellung, die S 119b 41 — 119c 86 von einer Botensendung giebt.
Hier ist der Ritt des Boten von Bordeaux nach Gironville geschildert, seine Ankunft bei Fromont und sein Bericht vor demselben. In a hingegen heisst es (32d 11—13): *F. ja auoit oui
nouuelles de lauenue du roy.*

Ähnlich sagt a 38a 15—16: [*Fre.*] oit nouuelles que Gerin
aloit au roy Anseis, wo S (135a 40—135b 21) die Abreise eines
Ritters, seine Ankunft in Bordeaux und seinen Empfang bei
Fromondin schildert.

> 135a 47: Fro. demande dont vient tes cors plenier
> 135b 1—8: De Blaiues sire huimain al caclarcier
> Ses tu nouuielles gardes ncl me noyer
> Et chils respont verite en oyes u. s. w.

Dem *Arnaut — manda Fremondin pour estre son compere*
(a 41b 28—84) entspricht in S die Passage 136b 84—146c 8:

33

[Hernaus] Vit ses enfans mult en ot le ceur liet
Dame dist il fuisons les baptisier
Oil dist elle le matin au moustier
Mais sil vous plaist Fromondin mandissies
Dame dist il bien le veul otroyier

Es wird also ein *escuyer* abgeschickt, Fromondin zur Taufe seiner Neffen einzuladen. Der Bote kommt nach Bordeaux, *Fromondin treuue desous .j. oliuier* und entledigt sich seines Auftrags.

Ähnlich ist von a (41c₄) mit dem einen Wort *manda* wiedergegeben, was S 147a₇—₃₄ erzählt; hier ist Girbert in seinem *palais marbrin*, ruft einen Boten und sendet ihn zu Gerin, damit dieser ihm zu Hilfe komme. Der Bote

Tantost monta si a le congiet pris
Isniellement a le voie sest mis
Droit vers Coulongne acuelli son cemin
Tant a erre au soir et au matin
Que a Coulongne descendi sous le pin
Pus est montes sus el palais marbrin
Gerins estoit al eskiekier assis
Li mes parla com in porcs oir,

und jetzt erst richtet er seinen Auftrag aus.

So giebt auch a 41c₄ das Wort *manda* den S 147b₃₀—147c₁₃ geschilderten, in Girbert's Auftrage ausgeführten Ritt Mauuoisins nach Gironville wieder, und die Worte (a 42b₂₃—₂₆) *si enuoia a Couloigne et priu Ge. quil y vossist puis manda Fre. et Ar.* entsprechen der ausführlichen Darstellung S 153a ₂₅—₄₂ und 153b₁₂—₁₈.

Von den übrigen Stellen, die hier als Beispiel dienen könnten, seien zitiert:

S 25d₈—₂₅ . . . . verglichen mit a 8b₁₅—₁₈,
S 45d₁₇—₄₉ . . . . „ „ a 12d₁₄—₁₈,
S 48d₄—₂₁ . . . . „ „ a 13c₁₀—₁₁,
S 130a₁—₃₃ . . . . „ „ a 36b₁₂,
S 139a₄₀—139b₂₂ „ „ a 39b₇*).

*) Hier seien zugleich die Kürzungsformeln angeführt, mit denen sich der Bearbeiter, gleichsam um sich wegen seiner Kürzungen zu entschuldigen, an den Leser wendet: *que vous dirai je* (a 26c₂₀, 28c₂₁, 33b₉, 37a₄) und *pour dire brief* (a 40a₁₀).

Während es uns bei den angeführten Beispielen nur darauf
ankam, zu zeigen, wie der Prosabearbeiter den von S mit
epischer Breite dargestellten Aufbruch des Boten, seine Reise,
seine Ankunft am Bestimmungsorte u. dergl. wiedergiebt, so
ist zum Teil an ihnen auch die Behandlungsweise, die a den
direkten R e d e n widerfahren lässt, ersichtlich geworden. Auf
diese Behandlungsweise soll nun näher eingegangen werden.
Sie ist eine mehrfache. Wenn die Rede, die der Dichter einer
seiner Figuren in den Mund gelegt hat, ohne hervorragende
Bedeutung für den Gang der Handlung ist, so lässt sie der
Bearbeiter unberücksichtigt, gemäss dem Prinzipe, nur wesent-
liches aufzunehmen. In dieser Beziehung vornehmlich kann auf
die Seite 31—33 angeführten Stellen verwiesen werden. Scheint
ihm dagegen der in der betreffenden Rede mitgeteilte Gedanke,
die in ihr zum Ausdruck gebrachte Stimmung notwendig zum
Verständniss des Zusammenhangs, so charakterisiert er entweder
diese Stimmung, diesen Gedanken mit wenigen Worten, oder
aber er giebt die Rede als solche wieder, letzteres meist, indem
er sie in indirekte verwandelt; nur in wenigen Fällen behält er
die direkte bei.

Diese wenigen Fälle — es sind fünf an Zahl — seien zunächst angeführt.

2b 30— 31 sagt a: *Hardres pour conforter le roy les mors
o les mors et les vis o les vis*, entsprechend S 3d 15 — 16:

> Ensi auient sire Hardres a dit
> La mort au mort lautre le vif au vif

a 7b 30 — 7c 20 heisst es:

[Bernart] araisonnet le roy en ceste maniere noble roy soyes recors
que vostre Charles Murteaulx fut moult obpresse par vng quj soy nom-
moyt Girart de Rossillon et combien que par le roy il fut maintes fois
desconfit toutesuoies en fut son royaume moult endommage il fit venir
les Wandres quj apresent soy nomet Flamans quj assiegeret Rayns et
la ville de Paris et tant fit forte guerre que il faillit que le roy donnast
les fours et les moulins de son royaume es nobles pour sa guerre main-
tenir et le pape a sa requeste leur donna les dismes que lors tenoiet les
moynnes noirs si seroit mieulx disoit Ber. que vous preisses F. et son
linage a merci que de les vouloir destruir pour le mal quj sen peut
insuir.

Die entsprechende Stelle (24b ss—24c 10) in S lautet:

24b ss: Drois empereres pour dieu entenc ami
Karles Martiaus ki tant regne conquist
Tante bataille et tant estour venki

25 Et mainte fois dant Gerart desconfi
Par celle guerre dans rois ke ie vous di
Furent ochis li cheualier gentil

28 Poure remessent li enfant et li fil
A donkes vinrent li Wandre en cest pays
Qui prissent Rains et assaissent Paris

31 Karles Martiaus vos peres li gentis
Vit sa contree et sa terre laidir
Apaines pot la soie gent tenir

34 Al apostole j. parlement emprist
Par son commant et par cou ke il fist
As cheualiers donna fours et meulins

37 Donna leur dismes et rentes autresi
De coi li moine noir estoient saisi
Frans cheualiers ne faites mie ensi

40 Qui son nes cope il deserte son vis
Vees de Lens Fromont le poesti
Rices hons est et enforcie damis

43 Se le deboutes et decauses ensi
Que li cuens laist ta terre et ton pays

Et il sen uoist a cheualiers .$\overset{m}{\text{iij}}$.

47 Sousciel na lui ne puisse bien garir
Frans cheualiers aijes de lui merchi

24c 1: Vous estes jouenes bacelers et mescins
Se chiaus en getes ki te doiuent seruir
Vous en verres vostre regne apourir

4 Et vo couronne abaissier et honnir
Sur vous venront paijen et sarraxin
Ne vous poront loherenc garantir

7 Que ne vous faicent de male mort morir
Prenc boin consel si mande Fromont ohi
Sil tout meffait ke il soient garni

10 Del amender et tout a ton plaisir

Fernerhin findet sich direkte Rede a 14d ss—so:

[Fromont] dit faulx murtriers vous cuidez auoir tue vng larron et vous auez tue le meilleur cheualier et le plus cortois de France certes fait il je vous ennoieray a son frere G. pour faire de vous telle iustice comme il lui plaira.

Dem entspricht in S (51d₈₉—51 bis a₂ und 51 bis a₁₀—₈₅):

51d₈₉: Fil a putain dist Fro. li guerriers
Vous me deistes kauies ochis bernier
.J. lecheour garcon et pautonnier

42 Non aues certes mais .j. boin cheualier
Le plus courtois et le mieus enseignie
Qui onkes fust en France ne sous chiel

45 Fil a putain com maues engignie
Las or verrai mon pays essillier
Et mes grans tours abatre et pecoyer

51 bis a₁ Et deuant moi morir mes cheualiers
Je ni ai coupes si le comparai chier

und 51 bis a₁₀ Fieus a putain li vieus Fro. a dit
Vous me disies kauies bernier ocis
.J. veneour de cel autre pais

13 Non aues voir dieus maudie ton vis
Ains aues mort .j. cheualier gentil
Che est dus Beghes del castiel de Belin

16 La nieche auoit lempereour Pepin
Freres germains au loherenc Garin
Et si ert oncles le bourgignon Aubri

19 Gautier d'Esnau Huon de Cambresis
Chil sunt preudomme si marcissent ami
Las or verrai mes grans castiaus saisir

22 Et ma contree essillier et laidir
Et moi meismes en conuient a morir
Et si nel ai ne pourcachio ne quis

25 Mais or sai bien comment porai garir
Je vous prendrai ki lui aues ochis
Ens en ma cartre ferai les cors gesir

28 Tiebaut premiers mon neueu ki le fist
Pus manderai a Mes le duk Garin
Que chiaus ai pris ki ont le duk ochis

31 Si li rendrai trestout a son plaisir
Sa volente en fera li marchis
Ardoir v pendre v escorchier tous vis

34 V a tous jours jeter fors del pays
Coi quil en faice moi le conuient souffrir.

Weiterhin giebt a (21c₈₂—₈₈) folgende Rede Guillaume's de Monclin in direkter Form:

lors luj dit Guille . cest est pour voustre fuit et par le conseil de
vostre oncle Bernart et par celuj de vostre frere Guille . le marcis or en

ont il estes tues et si aues perdu .xi. des bons fils et mains autres de
vous amis et voyes vostre pais destruire et bien est en uoie destre apres
destruit et tous les vostres si vous ne faites acort et bien le uous auoye
dit et conseille.

In S sagt Guillaume Folgendes (75c ɪ—ɪ7):

> 75cɪ   iel auoie bien dit
> Nest pas mencongne se creus fust mes dis
> Bien le sacies que il ne fust pas ensi
> 10 Par coi sunt mort de cheualiers .vɪɪ. vins
> Et treboulee la terre et li pays
> Vous et mes oncles dans Bernars de Naisil
> 13 Aues ces jeus et pourcacies et quis
> Est il or bien qu Eudes de S. Quentin
> Y est ocis et .xɪ. de tes fils
> 16 Et maint des autres com en conte na mis
> Et mes chiers freres Guillaumes li marois.

Folgende direkte Rede scheint Zusatz von a zu sein; in
den von uns berücksichtigten Versionen SQ und Rom. Stud. IV.
findet sich nichts Entsprechendes:

> (26cɪɪ—26dɪ) nous estoions fait il .x. que freres que oncles grans
> seigneurs quj fumes au conseil et dacort diceste guerre enprandre or
> sont ils tous mors fors que vous et moy je auoie .xxx. fieulx quj tous
> sont occis fors Fremondin.

Bei weitem häufiger findet die Verwandlung der direkten
Reden in indirekte statt. Aus der grossen Anzahl von Beispielen, die hier beigebracht werden könnten, sei nur eins
herausgegriffen.

S 70bɪo—ss heisst es:

> 70bɪo Adont parla Guillaumes de Monclin
> Sire Fromont merualles puis oir
> Quant tramesistes Begon le poesti
> 13 A Mes le grant au Loherenc Garin
> Ens en la biere v li cuens fu assis
> Il vit ses hommes plourer a moult haus cris
> 16 Et vns et autres les grans et les petis
> Confortes les com cheualiers de pris
> Faites ensi frerc je vous en pri
> 10 Mors est Guillaumes de Blancefort la chit
> Et mors est Eudes del bourc de S. Quentin
> Sas perdu chiaus ke as engenui

22. Prendes .j. mes si lenuoyes Garin
    Trieue et acorde mandes au palasiu
    Lun mort vers lautre soit en escange mis
25 Acordes vous si soycs boin nmi
    Se vostre guerre dure longhement si
    Nous y perdrons de nos milleurs amis
28 Et il des leur kil ni poront falir.

Das wandelt a folgendermassen um (20 a 24—31):

lors dit Guille. de Monclin a F. que il seroit hon de faire acort o Ga. et que Begg. son frere auoit este tue et maintenant Guille. le marcis frere F. estoit mort et que lun mort pour lautre il pourroiet estre bons amis.

Nicht weniger häufig als die Verwandlung der direkten Reden in indirekte findet die blosse Charakterisirung derselben statt.

So steht a 5d 14—17: *F. fist tres oultrageuse re ponce au messagier et soy prist de grosses parolles a lui* für S 17c 9—13;

a 4a 33—4b 3: *si ce priret de grosses parolles G. et F. et mains iniurieulx reprouches firet de leur linage* für S 8d 33—47;

a 14c 18—20: *commanda son ame a Dieu et fist ses regretz de sa damme et de ses beaux enfans* für S 51b 18—21 und 26—28;

a 19d 13—15: *la roine toudis soustenoit ses cousins et vouloit appaiser le roy* für S 69a 1—37;

a 20a 10—14: *moult furet ioieulx de sauenue et bien soy pleignoiet de grans maulx et guerres que leur auoiet fait les Bordelois* für S 69c 14—87;

a 22c 33—22d 1: *et la y eut de grosses paroles dune part et dautre* für S 78d 36—79a 13;

a 22d 1—3: *La roine et leuesque Henris voulsiret la noise apaiseir* für S 79a 33—36 und 36—37.

Fast durchgängig werden so die Totenklagen behandelt.

So steht a 2b 13: *le roy fut moult corousse* für S 3d 13—14;

a 15b 13: *qui lui vist faire ces regretz ne fust loial ceur a qui il nen prist pitie* für S 52a 19—20;

a 16a 3: *Garin quj en fit si grant deul que nul ne le pouoit reciter* für S 54c 6(15)—23;

a 16b₁—₂: *elle fit si grant deul et si piteux cri que cestoit pitie delouir* für S 55b₅—₁₅ und ₁₉—₂₁;

a 19a₂₂—₂₄: *Audegons fame Heruin fit moult grant deul de ses fils Garner et Beraut* für S 66c₁₁—₂₅;

a 20a₁₉: *F. fit grant deul a merueille* für S 70a₄₁—70b₂;

a 24b₁₇—₁₈: *Adonc fit si grant deul — que nul ne pourroit reciter* für S 81c₄₆—81d₁;

a 33c₂—₂: *Dieu quel deul fit Guill. quant il vit son fils mort* für S 123b₂—₁₄ u.₁₉—123c₈;

schliesslich a 41a₇: *F. en fit moult grant deul* für S 144d₂—145a₁.

Wenn wir aus den bisher gemachten Beobachtungen die Summe ziehen wollen, so müssen wir konstatieren, dass sich der Verfasser der Prosa in einem ganz andern Verhältniss zu seinem Stoff befindet als der Dichter der Chanson. Dieser steht gewissermassen mitten in der Handlung, und er schildert das Geschehende naiv und ohne an den zu denken, der sein Gedicht liest oder hört. Der Verfasser der Prosa steht nicht in der Handlung, er steht über ihr; er verarbeitet erst in Gedanken, was ihm das Gedicht erzählt: seine Darstellung ist subjektiv. Daher die indirekte Rede der Prosa, wo der Dichter das Gesagte in direkter Form wiedergiebt, daher die Kürzung des mit wahrheitsgetreuer Breite Erzählten, daher das Ausscheiden des Unwesentlichen, das dem Dichter in seiner Eigenschaft als unwesentlich gar nicht zum Bewusstsein gekommen ist, u. s. w.

Von diesem Gesichtspunkte aus sind noch einige andere Eigentümlichkeiten der Prosa zu betrachten; so die Verallgemeinerungen, die a, wo S Spezialangaben macht, eintreten lässt.

a 17a₂₉—₃₀: *or et argent a sa volunte* für S 60a₁₇—₁₈:
Or et argent —
Plus que nen puissent porter .xv. ronci;

a 17d₉—₁₀: *Guille. de Monclin et pluseurs autres* für S 61 bis a 17—₃₀:

— Fro. li poestis

Il et Antiaumes et Foukars et Seguis
Si ot Fro. dusca .x. de ses fils
Si fu Guilles. lorgilleus de Monclin;

a 18b₁₂: *la royne lui donna de beaux dons* für S 63c₃₄:

Son boin cheual a fait Rigaut donar;

a 19b₁₂—₂₀: *les grans pais que il luj auient conquis* für
S 67b₁₀:

Qui toute Flandre et Haynau vous conquist;

a 20b₂—₈: *son oncle Ber. et ses amis* für S 70c₇—₁₁:

Bernars de Naisil
Foukes Hues Guicars et Rosselins
Et Galerans et ses freres Gaudins
Et Engherans li sires de Couchi
Et Clarendeus ychils qui Vendeul tint;

a 20b₂₀—₂₁: *fit tous les maulx dont il sceut soy apenser*
für S 71a₂₂—₂₇:

Ardent et proient et gastent le regne
Mainte maison ont par terre gete
Et maint proudomme ont a tort afole,

a 22d₈: *la royne lui donna de beaux presens* für S 79a₄₂—₄₄:

.IIII. destriers a enuoyet Garin
Et .IIJ. mars de deniers estrelins;

a 24a₂₇—₂₈: *il en blessa et tua pluseurs* für S 81c₂₂:

Plus de .XIIII. li dus en abati;

a 28b₁₄—₁₅: *vng grant present et grant force dor et dargent* für S 98a₂₀—₂₈:

— .c. destriers seiournes
.C. palefrois et .c. muls affeutres
Et .c. haubers et .c. elmes gesmes
.X. muis de poiure a mangiers conraer
Et .xx. lupars .xx. ours enkaienes
Et mil mars dor en balance peses
Et .c. ostoirs et .c. faucons mues;

a 34c₁₀: *lui donroit de grans dons* für S 125c₁₉—₂₀:

Je vous donrai cest cheual ke vees
Et cest haubero et cest elme gesme;

a 38b₆: *lui donna de grans dons* für S 136b₄₄—136c₁:

Cargier en fait la dame .IIII. muls
Dor et dargent de pailles de bouffus
De cendaus d'Ynde alistiaus dor batus;

endlich a 40b **e**: *le roy manda grans gens* für S 142b **47**
—142c **1**:

> Mande Flamens et Normans et Ponhiers
> Et Bourgignons Alemans et Baiuiers.

Eine fernere Eigentümlichkeit der Prosa, die gleichfalls auf
die subjektive Auffassungsweise des Bearbeiters zurückzuführen ist,
ist die Neigung, auf bereits Bekanntes oder noch
zu Erzählendes hinzuweisen, um dadurch das Verständniss des Zusammenhangs zu erleichtern.

a 1 d **12**—**18**: *il luy engendra vng fils quj fut nomme Loherens Garin quj fut si noble cheualier comme il apara
par ceste ystoire et puis ot vng aultre fils quj ot anom
Beggon qui fut seigneur de Gascogne et du chastel
de Bellin.*

a 2c **8**—**8**: *et lors sourcit enuie entre Hardres et
son fils Fremont et Leherens Garin et son frere
Beggon.*

a 17c **2**—**4**: *Belin et Gironuille furet adoubes quj depuis
firet moult de maulx a F.*

a 19a **8**—**14**: *luj et son frere Moorans vindret conbatre
Joffroy et le tueret et Huon de Valence — et reuengeret
la mort leur frere.*

a 23c **8**—**12**: *la demoura troys ans luj et son fils Ger. —
et moult soy repantoit des maulx que luy et son ost auoiet fait
pour reuanger la mort son frere.*

a 42b **8**—**14**: *depuis en fit il faire vne couppe et lenchusser
en or pour honneur de ceu quil auoit este si bon cheualier —
et pour bien le fasoit come il disoit mes apres en aduint
grant mal.*

a 28c **12**—28 d **1**: *et lors lui demanda Ger. qui le auoit
fait cheualier Mauuais. luj dit que vng home mort et depuis
se tint a cheualier ne oncques puis neut* (durchstrichen!) *not uutre cheualerie.*

Auch S bietet solche Hinweise (besonders um das Motiv der Blutrache hervorzuheben), die a, bisweilen ausführlicher, wiedergiebt.

a 15 d₁₅—₁₈ : *mes bien lui faisoit sauoir que il vengeroit sa mort et la mort son frere Trol quj auoit tue* für S 53 d₈₄ :

Tant con ie viue ne seres mes amis.

a 18 b₈₂—18 c₁ ; *plusieurs prist que il fit escorcher et de male mort mourir pour vanger la mort son maistre Begg.* für S 64 a₁₄—₂₀ :

Rigaut les liurent le noble guerrier
Il jure Dieu ki tout a a jugier
Or ne argens ne leur vaut .j. denier
Tout pour Thiebaut ki Beg. fist jugier
Quen la foriest fist ochire al archier
Chil guerredon li cuide il bien payer
Mult en a fait morir et escorchier.

a 19 c₁₂—₁₈ : *Thomas du Plesseis — quj fut a tuer Begg. fut la tue par Arnaut fils de Begg. qui reuanga la mort son pere* für S 68 b₁—₅ :

Hernaus regarde li freres au duk Gerin
Si a veu Thiebant del Plaisseis
Che fu ychils ki la trayson fist
Qui fist son pere dedens le bois mourdrir
Hui est li jours kil li vora merir.

a 21 a₂₀—₂₄ : *quant G. vit son oncle mort et il luj souuint de Ber. quj auoit tue mauuesement Huon de Cambresi il frappoit sur Ber.* — für S 73 b₃₅ und ₃₈—₄₀ :

Gar. le voit a poi nesraige vis
Dont li ramembre de Huon le mescin
Le gentil conte ki tenoit Cambresis
Que dans Bernars par trayson ochist.

a 34 a₅—₆ : *lors fut venge Ger. de la mort Ga. son pere* für S 124 c₂₁—₂₂ :

Or est vengies Gar. li gentieus ber
Li miens chiers peres cui Dieus puist bien donner.

Wie mit diesen Hinweisen, so zeigt der Bearbeiter auch sonst öfters die Tendenz, das Verständniss seiner Erzählung zu

erleichtern. Er sucht dies durch erläuternde und moti-
vierende Zusätze zu erreichen. In den hier folgenden
Citaten sind die Zusätze durch weiteren Druck kenntlich gemacht; das eng Gedruckte ist die Wiedergabe des von S
Gebotenen.

a 1c₉—₁₀: *comme bon subiet et amy manda tout son
pouoir.*

a 1d₁₉—₂₀: *de laisnee yssi Aubris duc de Bourgoigne.*

a 2b₁₆—₁₇: *vindrent au roy Pepin pour pourveoir
au gouuernement du pais.*

a 2b₂₆—₂₇: *et ce il disoit affin que le roy feist
le don a son fils Fromondin.*

a 5b₂₀—₂₂: *Hues soy retraissit pour double des
grans batailles quj souruenoiet.*

a 5d₁—₂: *pris la ville de Lyons la ville de Mascons et
la tour de Belgi quj estoiet a Ber.*

a 7b₂₆—₂₇: *Bernart de Nasy quj estoit prisonner
en lost du roy Pepin.*

a 7c₁: *Girart de Rossillon* (S 24b₂₂: *Gerart*).

a 7c₃—₄: *il fit venir les Wandres* (S 24b₂₂: *adonkes
vinrent li W.*)

a 7c₄—₇: *les Wandres quj apresant soy nomet
Flamans.*

a 7c₁₂—₁₄: *le chasteau du Plaisseis.*

a 8c₁₅: *le roy manda la pucelle.*

a 8c₂₁—₂₂: *vng moygne qui bien estoit forge pour
lurceucsque.*

a 11c₃—₅: *Bernart de Nasil yuj toudis mal pance.*

a 14b₃—₄: *auisa ce cheualier et cuidoit que ce fust
vng robeur de venaison.*

a 14b₂₂—14c₂: *Begg. soy courroucau car il nauoit
pas a coustume par tielx gens estre mal mene.*

a 14d₁₄—₁₇: *bien congneut que cestoit Begg. de Bellins
car pluseurs fois lauoit il veu arme et desarme.*

a 15b₂₂—15c₁: *ne lui vost dire le mal qui estoit.*

a 16c₂₂—₂₁: *la oust este F. detranche et occis si ne fust G.*
qui ne voulsit souffrir que sa treue fust rompue.

a 17c₈—₉: *Rigaut ne se pouoit tenir de faire guerre.*

a 20b₉--₁₁: *F. soy mist entre lui et la ville tellement*
quil ne peut retorner.

a 20c₆—₇: *R. a pou ne fut forcene car bien lamoit.*

a 21d₂₂—₂₁: *luy vint nouuelles que Gautiers — yestoit*
sus a grant puissance pour destruire son pais.

a 23b₇—₉: *le roy lui fit trop grant chiere plus pour*
crainte que pour amour.

a 23b₁₂—₁₃: *que il lui donroit or et argent asses et bien*
le pouoit faire car lors bien estoit il riche et bien
auoit il gaingne en sa guerre.

a 24b₁₀—₁₃: *si sen pensa que il estoit matir et que les*
reliques en seroiet bonnes veu la noblesse dont il
estoit plain.

a 26c₆-₈: *le roy mesmes se leua pour aider rompre*
la melee.

a 28b₃₁—28c₁: *F. auoit fait foy de ses terres au roy Yon*
roy de Ays en Gascogne.

a 29a₁₃—₁₆: *Anseis — quj tenoit la terre dantre*
Muse et le Rin Bauiere et Alemaigne et Saissone
et si auoit la terre de Lorainne a lui obligee.

a 30b₃₀—₃₃: *Bernart de Nasil quj auoit jecte les*
draps de religion et laisse labbaye.

a 30c₁₆—₁₇: *.IIII. roys le roy de Gales Norroys*
Anglois Tyoys.

a 31d₃₀—₃₃: *puis quant F. vit quil auient asses*
vitailles il sappensa dune grant traison.

a 34d₁₂—₁₃: *le roy Marsilles qui estoit Sarrasin.*

a 39b₁₂—₁₇: *toutesuoies nauoit il que mil cheualiers qui*
fusset en estut de combatre car tous les autres auoiet
este mors ou blesses a la bataille.

a 40a₁₄—₁₆: *mes de tout le roi le randit a Ger. pour*
en faire toute sa voulunte.

a 40c₄—₆: *le miret en vne nef p o u r p o r t e r a l a m i r a l.*
a 44c₇—₁₀: *mes il ne le congneuret point car p o u r l a b i t
q u i l a u o i t e t l a v i c q u i l m e n o i t il e s t o i t t r o p d e-
f i g u r e.*

Schliesslich seien noch einige logische Verbesserungen
angeführt.

S 53d₁—₂₆ (*Vilainement nous aues entrepris*) und a 15d
₄—₆ *(luj dit que mal auoit fait de lenuoier (!) sans lui mander
deffy et que sur la trieuue du roy Pepin se iour lui auoit tue
son fils)* wirft Haymon dem Rigaut die unehrliche Art des
Angriffs vor. S geht auf den Vorwurf der Unehrlichkeit, um
die es sich handelt, gar nicht ein, sondern lässt den Rigaut
nur auf die Ermordung des Begon hinweisen. In a dagegen
nimmt Rigaut den Vorwurf der Unehrlichkeit auf und legt
besonderen Nachdruck darauf, dass auch Begon nicht in offe-
nem Kampfe, sondern auf hinterlistige Weise getötet worden sei.
a 15d₉—₁₆: *Rigaut lui respondi que trayteusement Thebaut du
Plesseis et sans deffy auoit tue Beggon son maistre et que pour
le reuanger ne failloit mander deffy puisque trayteusement
auoit este tue.* a bietet also hier, im Gegensatz zu S, das
logisch Notwendige.

Als die Leiche Begon's nach Orleans kommt, gehen ihr
König und Königin entgegen (S 55a₁₆—₁₉):

> Encontre vint lempereres Pepins
> E la royne a cui il ert cousins.

Von Begleitern derselben erwähnt S nichts. a ergänzt das
logisch Geforderte, indem es sagt (16a₂₆—₂₈): *le roy Pepin et
la royne et tous ses amis.*

S 61b₁₉, ₂₂, ₂₃ und ₂₆—₃₄ heisst es:

> Vaissent Rigaus —
>   — droit a Orliens senuint
> Illeuk seiourne —
> Il demanda pour le duk Hernais
> Il le trouua tout droit a Baubenci
> Ensamble o lui fu Joiffrois l'Angeuins

Hues del Mans et Garniers de Paris
On leur conta Rigaus li fils Herui
Est a Orliens v atent ses amis
Hernays lot siest el ceual sulis
Dusca Orliens ne prist il onkes fin
A sen neueu mult grant joie fist il.

Nachdem also Rigaut den Hernais in Baubenci gefunden, macht sich Hernais auf, um Rigaut in Orleans zu sehen. Diesen Widerspruch vermeidet a, indem es sagt (17c₁₈—₂₂): *et sen vint a Orliens Arnais Joffroy l'Engeuin Hues des Mans et Garner de Paris quj lors estoiet a Baugensi le vindrei veoir.*

So bietet auch 20a₁₉—20b₂ a das logisch Richtigere, wenn es erzählt: *F. fit grant deul a merueille — lors dit Guillaume de Monclin a F. que il seroit bon de faire acort o Gu. — F. soy corrouca trop grandement a Guillaume et iura que la mort son frere seroit reuangee;* in S dagegen folgt der Rat des Guillaume erst auf die Worte Fromonts (70a₄₄—₄₆):

Ne plaice a Dieu ki en la crois fu mis
Que en soit faite acordance ne fins
Dusca kel heure vengemens en soit pris.

Es ist unsinnig, dass Guillaume in dem Augenblicke, da Fromont Rache geschworen, ihn zum Frieden bewegen will.

23c₁₆—₁₈ sagt a: [*Garin*] *fit traiter — vnes longues treues et F. les greanta.* Dies musste hervorgehoben werden, um zu motivieren, dass die Leute Garins unbewaffnet kamen. In S ist es nicht geschehen. a bietet also auch hier das logisch Richtigere.

Mit (24b₁₆) *lors soy despasma G.* verbessert a einen offenbaren Fehler von S, das an der entsprechenden Stelle (81c₄₆) *li dus se pasme* hat.

S 113c₁₀—₄₆ wird eine Schlacht geschildert, die vor Orleans stattgefunden haben soll. Das steht in Widerspruch mit 113d₅₅—114a₁₁, wo erzählt wird, wie Fromont, der noch vor Orleans liegt, den alten Gondris als Unterhändler zu Girbert schickt, um eine Schlacht zu vermeiden. a hat den Wider-

spruch dadurch aufgehoben, dass es die Schilderung der Schlacht
nicht wiedergiebt.

S 124 d₁₆—₁₈ verlangt Gerin von Girbert das Ross Fleurj,
obgleich er kurz zuvor (124 b₄₁—₄₂) jeden Anspruch auf dasselbe aufgegeben hat. Dass Gerin sein Wort nicht hält, wider-
spricht seinem sonst ehrenwerten Charakter. a hebt diesen
Widerspruch auf, indem es Gerin die Forderung im Scherz
stellen lässt: *lors lui dit Ge. par esbutement que il lui rendist*
(34 a₁₉—₂₀).

Wir glauben, hiermit die bemerkenswertesten Eigentümlichkeiten der Prosa angeführt zu haben. Werfen wir einen Blick
zurück auf das im zweiten Teile Behandelte, so sehen wir als
Hauptcharakteristikum der Prosa die subjektive Darstellung.
Sie wird ersichtlich an der Kürzung des Stoffes, an der Ein-
führung von Kürzungsformeln, an der Behandlung der direkten
Reden (allgemeine Charakterisierung derselben oder Verwandlung in indirekte Reden), an der Tendenz zu verallgemeinern,
an der Neigung, auf Vergangenes oder Zukünftiges hinzuweisen.
Zu diesen auf der subjektiven Auffassung des Bearbeiters be-
ruhenden Modifikationen kommen solche, die durch Wider-
sprüche in der Erzählung der Vorlage veranlasst sind, und
Zusätze, die zur Erleichterung des Verständnisses dienen sollen.

Es schien uns nicht ratsam, von vorn herein diese ver-
schiedenen Erscheinungen in scharf abgegrenzte Gruppen zu
sondern. Wir zogen es vor, die Eigentümlichkeit, die am meisten in die Augen springt, zum Ausgangspunkt zu nehmen,
von ihr auf die nächstverwandte überzugehen u. s. w. Bei einer
Einteilung nach Kürzung und Erweiterung, die freilich den
Vorzug grösserer Übersichtlichkeit haben würde, wäre das
innerlich Zusammengehörende auseinandergerissen worden. Die
motivierenden Zusätze z. B. wären von den logischen Verbesserungen getrennt, die eingefügten Abkürzungsformeln gesondert

von der Kürzung, auf die sie sich beziehen, behandelt worden. Und schliesslich wäre noch ein grösseres Kapitel verschiedener Beobachtungen nötig gewesen. Dies zur Rechtfertigung der angewandten Methode, die trotz ihrer Mängel, deren sich Verf. wohl bewusst ist, die annehmbarste zu sein schien.

Bessere: S. 44 a 26: .... *soy* .. *cuder* st. *se* .. *aider*.

---

www.ingramcontent.com/pod-product-compliance
Lightning Source LLC
Chambersburg PA
CBHW032121080426
42733CB00008B/1002